평 신 도 양 육 교 재

Life Following Jesus

KB206008

생명을 살리는 삶

평신도 양육교재

예수를 따르는 삶

생명을 살리는 삶

발행일 : 초판 1쇄 인쇄 2008년 8월 21일

개정판 1쇄 인쇄 2014년 3월 14일

발행인 : 우순태

편집인 : 유윤종

책임편집 : 강신덕

기획/편집 : 전영욱, 강영아

디자인/일러스트 : 최동호, 권미경, 오인표

홍보/마케팅 : 강형규, 박지훈

행정지원 : 조미정, 신지현

펴낸곳 : 도서출판 사랑마루

서울시 강남구 테헤란로 64길 17(대치동)

대표전화 : TEL (02) 3459-1051~2/ FAX (02) 3459-1070

홈페이지 : http://www.eholynet.org, http://www.ibcm.kr

등록 : 2011년 1월 17일 등록번호/ 제2011-000013호

갑은 뒷표지에 있습니다. 잘못된 책은 구입하신 곳에서 교환해 드립니다.

ISBN : 978-89-7591-316-7 04230

Contents

평신도 양육교재 예수를 따르는 삶

발간사	5
일러두기	6

5단원(생명) 생명을 살리는 삶

1과	누구를 위하여 살까?	9
2과	고난을 만났을 때	15
3과	나의 우상은?	22
4과	생명을 살리는 삶	28
5과	열매 맺는 삶	37

- 교육과정개발 : 남은경
- 교재집필 : 정원영 정방원
- 교재개정 : 박향숙

평신도 양육교재
예수를 따르는 삶
Life Following Jesus

1권	1단원 (생명)	구원 받은 삶
2권	2단원 (사랑)	이웃을 사랑하는 삶
3권	3단원 (회복)	은혜로 회복된 삶
4권	4단원 (공의)	하나님의 의를 실천하는 삶
5권	5단원 (생명)	생명을 살리는 삶
6권	6단원 (사랑)	관계가 풍성한 삶
7권	7단원 (회복)	세상을 회복하는 삶
8권	8단원 (공의)	하나님의 나라를 이루는 삶

발간사

평신도는 단지 예배 참석자가 아닙니다. 평신도는 목회의 동역자입니다. 평신도가 예수님의 제자로 세움을 입어서 주님의 명령(마 28:18-20)대로 가르쳐 지키게 하는 사명을 감당해야 합니다. 평신도들이 사역의 주체가 될 때, 아름다운 주님의 교회가 세워지고 하나님의 나라가 확장될 것입니다.

교단창립 100주년 교육사업의 일환으로 성결교회 평신도 제자화 교육과정을 개발하고 4종류의 교재를 만들었습니다. 그것은 '새신자교재→세례교재→양육교재→사역교재' 입니다. 교회에 처음 나온 새신자도 반드시 사역자로 양성하겠다는 의지가 담겨있는 시리즈 교재입니다. 이 교재에 담겨있는 핵심 키워드는 '구원→믿음→생활→사역' 입니다.

성결교회의 모든 신자들은 하나님의 은혜로 구원받아 온전한 믿음을 가지고 삶이 변화되어 주님의 사역자로 세움을 입어야 합니다. 교회에서는 새신자들이 새신자교육과 세례교육을 언제든지 받아서 온전한 신앙을 형성할 수 있도록 도와야 합니다. 그리고 양육과 사역교재를 통하여 평신도 사역자를 키워야 합니다. 만약 신앙연수가 오래되었지만 신앙이 성숙치 못한 신자가 있다면, 양육교재와 사역교재를 통하여 건강한 사역자로 세움을 입을 수 있을 것입니다.

성결교회의 새로운 100년을 맞이하면서 목회현장에 실제적으로 도움이 될 교재가 개발된 것은 참으로 기쁘고 감사한 일입니다. 앞으로 평신도들이 주님의 몸 된 교회의 주체가 되고, 역사의 책임 있는 존재가 될 수 있도록 돕는 교재들이 지속적으로 개발될 것입니다. 아름다운 주님의 비전을 꿈꾸며 새 역사의 주인공이 됩시다.

기독교대한성결교회 총무 우순태 목사

일러두기

성숙한 신앙인은 세상 사람들의 눈으로 보기엔 불편하게 사는 사람일 것이다. '주님이 원하시는 삶은 어떤 것일까?' '주님은 이럴 때 어떤 결정을 내리실까?' '내가 진정한 주님의 제자라면 어떻게 행동해야 할까?' 라는 고민을 가지고 사물을 대하고 세상을 살아가기 때문이다. 하지만 궁극적으로는 세상에 대한 이러한 질문, 그리고 그 대답에 따라 불편하더라도 당당하게 살아나갈 때, 우리는 참다운 기쁨이 넘치는 삶을 살 수 있다는 것을 잘 알고 있다. 모든 성결교인들이 이러한 기쁨을 누리며 살기를 바란다. 이를 위하여 양육교재가 도움이 되기를 바라며, 몇 가지 사항을 일러두고자 한다.

첫째, 본 교재는 성인 양육을 위한 교재이다. 여기에서 성인은 법적으로, 사회적으로, 경제적으로 자립할 수 있는 사람이며, 생물학적으로 아이를 가질 수 있는 육체적으로 성숙한 사람이며, 심리학적으로 청년기를 지나고 삶의 특별한 과정을 경험한 사람이며, 교육적으로 그가 속한 사회와 문화가 마련한 어느 정도의 학교 교육을 성취한 사람이다. 또한 신앙인으로서 자신의 생애를 통하여 삶의 스타일(life style)을 형성해 가는 존재이며, 영적으로 성장 발달해 가는 존재이다.

둘째, 본 교재는 평신도를 위한 교재이다. 대부분의 내용은 일상생활에서 겪을 만한 상황이나 생각해 보아야 할 만한 주제와 내용을 담고 있다. 여기서 평신도의 의미는 단순히 교회의 구성원 중에서 평범한 사람을 의미하는 것이 아니라 교회의 대부분을 차지하는 구성원으로서 주님의 자녀이며, 제자이고, 교회를 교회되게 이끌어 가야하는 각 지체를 의미한다. 따라서 이 양육의 과정을 통하여 평신도는 더욱 성장하여 목회의 동역자로서 하나님께서 허락하신 사역의 한 부분을 감당할 수 있도록 성숙하여야 한다. 이 교재를 잘 마친다면 교회에서는 집사나 구역장 등의 역할을 맡겨도 될 정도의 훈련이 이루어질 것이다.

셋째, 본 교재 교육과정의 내용 범위는 교단의 사중복음을 서울신학대학교 성결교회신학연구회가 이 시대의 언어로 표현한 '생명', '사랑', '회복', '공의'의 신학적 설명으로 한다. 그래서 이제까지 성결교회의 교육이 개인의 영혼 구원과 개인적 삶에 있어서의 성결에 집중하였다면, 이제는 사회의 보편 가치들에 대한 복음적 시각을 갖는 데까지 교육의 목표와 장(場)을 확대하고자 한다. 그래서 생활의 모든 영역에서 구체적인 문제와 사회적, 문화적, 윤리적, 정치적, 생태적 차원까지 다루고 있다.

넷째, 이 교재는 단순히 읽기용 책이나 답을 달기 위한 성경공부 교재가 아니라 모임의 참가자들이 함께 각 주제에 따라 고민하고, 결단하고, 실천하는 워크숍 교재에 가깝다. 따라서 참가자의 답 달기와 인도자의 답 해설에 의존하는 다소 구태의연한 성경공부 교재가 아니라 함께 목적을 위하여 삶을 연습해 가는 안내서이다. 이 교재를 바탕으로 서로 격려하고, 섬김을 베풀고, 감사를 표현하는 과정을 통해 더욱 풍성한 하나님의 은혜를 누리게 될 것이다.

이러한 본 교재를 가지고 모임을 인도하게 될 인도자는 비록 목회자이거나 지도자라고 할지라도 무엇인가 지식을 가르치려고만 노력하는 것은 바람직하지 않다. 물론이 과정을 잘 인도하기 위해서 본 교재의 각 과가 이루고자 하는 목표와 그에 따르는내용들에 대해서는 철저하고 꼼꼼하게 준비해야겠지만 자신이 깨달은 바를 참가자들도 스스로 깨달을 수 있도록 인도해야 한다. 뿐만 아니라 인도자와 학습자간의 나눔을 통해서 서로의 은혜가 더욱 풍성해 질 수 있도록 배려해야 한다.

이 교재를 통해 자신의 영적인 성숙을 기대하는 학습자들은 단순히 성경의 지식을더 얻겠다는 정도의 생각으로 임하거나, 성경에서 답을 찾아 빈칸을 채우는 다소 수동적인 자세만을 보이는 것은 바람직하지 않다. 자신의 경험과 생각을 함께 나누고인도자의 답을 기다리기 전에 먼저 고민하고 성경의 의미를 깨닫기 위해 노력해야 한다. 그리고 결국에는 이러한 모든 것들이 나의 일상생활에서도 실천될 수 있도록 노력하겠다는 다짐 속에서 생활에 임해야 한다.

본 양육교재는 모두 8권, 각 권당 5과 씩, 총 40개의 주제를 다룰 것이다. 적지 않은 양이기는 하지만, 신앙인들이 교회에서나 사회에서 부딪히게 될 모든 주제들이다 다루어 진 것은 아니다. 하지만 이 40개의 주제를 다루며 배우고, 생각하고, 느끼고, 결단하고, 실천하는 과정을 통해서 한 단계 더 성숙된 신앙인으로 나아갈 수 있는데 도움이 되리라 생각한다.

본 교재를 바탕으로 한 평신도의 양육이 성공적으로 이루어져서 모든 성도들이 교회뿐만 아니라 가정과 사회에서 주체적 존재가 되며, 성결교회의 교인으로서, 또한 그리스도의 제자로서 확고한 정체성을 갖으며, 마침내 이 땅 위에서 하나님의 뜻대로 살아가고 하나님의 나라를 이루어 내는 하나님의 사람으로 거듭나게 되기를 바란다.

5단원(생명)

생명을 살리는 삶

누구를 위하여 살까?

배울말씀 누가복음 18장 18-23절, 19장 1-10절

새길말씀 그런즉 너희는 먼저 그의 나라와 그의 의를 구하라 그리하면 이 모든 것을 너희에게 더하시리라 (마 6:33)

평신도 양육교재

관심갖기

누구를 위해

아래의 글을 읽고 주어진 질문에 답해 봅시다.

가난한 행상의 아들로 태어난 한 청년이 있었다. 그는 가난에 한을 품고 무섭게 일했다. 야심찬 사업가로 변신한 그의 인생철학은 "나를 위해! 돈을 위해!"였다. 청년은 미국 석유업의 90% 이상을 차지하는 세계적인 대부호로 성장했다. 그 과정에서 그는 노동자들의 노동력을 심하게 착취했다. 사람들은 존경심이 아닌 돈 때문에 그에게 무릎을 꿇었다. 그의 나이 쉰 셋. 그의 몸과 마음이 심하게 망가져 있었다. 심한 노이로제와 소화불량, 무력감과 악몽…. 의사가 그에게 죽음을 준비하라고 했다. 그때 죽음 앞에서 그는 주님을 새롭게 만나고 주님을 진정으로 영접했다. 그제서야 그는 자신의 인생관을 "하나님을 위해! 이웃을 위해!"로 바꾸었다. 그는 거액을 쾌척해 시카고대학을 설립하고 리버사이드 교회를 세웠다. 여생을 "교육", "선교", "사랑실천"에 쏟았다. 그는 베푸는 삶을 통해 건강을 되찾았고, 이 세상에서 가장 많은 돈을 남을 위해 사용한 사람이 되었다. 그는 무려 7억 달러를 자선사업에 기부했다. 그 당시 경제 규모로 보았을 때 정말 엄청나게 큰 액수이다. 그의 자식들이 자선사업에 쓴 돈까지 합하면 25억 달러가 넘는다. 그가 바로 98세까지 장수한 록펠러이다.

오직 성공을 위해 달려야 했던 록펠러는 58세에 죽음의 위기를 맞았다. 그러나 그때 주님을 만났고 삶이 변화되어 그때부터 하나님의 일에 정진하였다. 록펠러는 세계적인 부자였다. 성경에 나오는 관원보다 더 큰 부자였다. 성경은 부자가 천국에 들어가기가 참으로 어렵다고 했다. 정말 부자는 천국에 가기가 어려운 것일까?

1. 기독교적 관점에서 록펠러를 진정한 부자라고 할 수 있는 때는 언제입니까?

2. 기독교적 관점에서 부자는 누구와 함께할 때 부자라고 할 수 있습니까? 나 자신은 그런 의미에서 부자라고 말할 수 있습니까?

평신도 양육교재
기억하기
관원과 세리의 차이

배울말씀인 누가복음 18장 18-23절, 19장 1-10절을 읽고 주어진 질문에 답해 봅시다.

1. 영생에 대해 관심을 갖고 있던 이 관원에게 예수님이 원하셨던 것은 무엇입니까? (눅 18:22)

2. 예수님의 요구를 들은 후, 이 관원은 어떻게 했나요? 그리고 그것은 어떤 의미
   일까요? (눅 18:23)

3. 삭개오는 예수님을 만난 후 빼앗은 것은 4배로 갚고 소유의 절반을 가난한 자
   들을 위해 쓰겠다고 결단했습니다. 이 결단은 어떤 의미를 갖고 있을까요?
   (눅 19:8)

하나님이 원하시는 가치관은?

1. 관원(부자 청년)과 세리(삭개오)를 비교하여 다음 표를 완성해 봅시다.

구분	직업	재산	예수님을 만난 후 가치관의 변화	예수님을 만난 이후의 모습
관원	관원			근심하고 돌아감
삭개오		큰 부자		

2. 토색한 것을 4배로 갚고 소유 절반을 내놓은 삭개오는 어떻게 되었을까요? 창
   세기 26장 12–13절의 말씀을 참고로 생각해 봅시다.

3. 하나님께 더욱 크게 쓰임을 받기 위해서는 하나님의 선한 뜻을 위해 나의 것을 사용할 준비가 되어 있어야 합니다. 그렇다면 지금 내가 해야 할 일은 무엇입니까? (신 28:1)

4. 그렇다면 우리가 가장 먼저 추구해야 하는 것은 무엇일까요? (마 6:33)

평신도 양육교재 응답하기　　　　　　　　　　내 삶의 목표

다음은 세 명의 석공에 관한 이야기입니다. 함께 읽고 주어진 질문에 답해 봅시다.

> 예배당을 짓는 세 사람이 있었습니다. 그런데 세 사람의 석공은 똑같은 일을 하고 있으면서도 얼굴 표정과 일하는 태도가 너무나 달랐습니다. 어떤 사람이 그들에게 다가가서 물었습니다.
>
> "당신은 왜 그 일을 하고 있습니까?"
>
> 첫 번째 석공에게 물었더니 그는 이렇게 대답했습니다.
>
> "죽지 못해 이 짓을 하고 있소. 먹고 살아야 해서요."
>
> 같은 질문에 대해 두 번째 석공은 이렇게 대답했습니다.
>
> "처 자식을 먹여 살리기 위해 이 노릇을 하고 있습니다."
>
> 그런데 세 번째 석공은 대답이 달랐습니다.
>
> "저는 이 세상에서 가장 훌륭한 예배당을 짓기 위해서 일하고 있습니다. 내가 정성스럽게 이 돌을 쪼면 장엄하고 웅대한 예배당이 만들어집니다. 나의 정성과 능력이 하나님께 영광이 된다고 생각하면 기쁨과 보람을 느낍니다."

이들 세 석공들의 말년이 어떠했을까는 미루어 짐작할 수 있습니다. 아마도 첫 번째 석공이나 두 번째 석공은 현재 상태 그대로 돌을 쪼는 석공으로 그쳤을 것입니다. 그들에게는 비전이 없었기 때문입니다. 자신이 하고 있는 일에 대한 긍지와 소명이 없었기 때문입니다. 자신의 일에 대한 자긍심이 결여되어 있었던 것입니다.

어쩌면 세 번째 석공은 결코 석공에 머물지 않았을 것입니다. 그에게는 꿈이 있었습니다. 그는 자신의 재능이 하나님을 위해 사용된다는 의미를 가지고 있었습니다. 아마도 그는 그 방면에 뛰어난 기술자가 되었거나 건축기사나 건축업자로 성장해 있을지도 모릅니다. 왜인가요? 사고 방식(가치관)이 그것을 가능하게 하기 때문입니다.

"짧은 얘기 긴 여운"에서

1. 지금까지 가지고 살아온 삶의 목표에 대해서 구체적으로 이야기해 봅시다.

2. 하나님 원하시는 삶의 목표를 찾아서 고백해 봅시다.

새길말씀 외우기

그런즉 너희는 먼저 그의 나라와 그의 의를 구하라 그리하면 이 모든 것을 너희에게 더하시리라 (마 6:33)

결단의 기도

우리를 사랑하시는 하나님 아버지, 하나님께서는 우리가 가진 것의 많고 적음이 아니라 하나님을 향한 우리의 마음을 보시고 우리를 사용하신다는 것을 깨닫게 하시니 감사드립니다. 자기중심적이었던 우리의 삶의 모습을 용서하시고 하나님을 중심으로 살아가는 삶을 살게 해 주옵소서. 예수님 이름으로 기도합니다. 아멘.

고난을 만났을 때

배울말씀   민수기 22장 7-12절

새길말씀   너는 내게 부르짖으라 내가 네게 응답하겠고 네가 알지 못하는 크고 은밀한
일을 네게 보이리라 (렘 33:3)

관심갖기

고난을 만났을 때

아래의 글을 읽고 주어진 질문에 대답해 봅시다.

1809년 2월 12일 가난한 구두수선공의 아들로 태어남.

1816년 가족이 집을 잃고 길거리로 쫓겨남.

1818년 어머니 사망.

1831년 사업에 실패함.

1832년 주 의회에 진출하려 했으나 실패함.

1832년 직장을 잃고서 법률학교에 입학하고자 원했으나 좌절당함.

1833년 친구에게 빌린 돈으로 사업을 시작하였으나 연말에 완전히 파산함.
　　　　17년 동안 벌어서 빚을 갚음.

1834년 주 의회에 진출을 시도해 성공함. 그런데 약혼자가 갑자기 사망함.

1836년 극도의 신경쇠약증에 걸려 6개월간 병원에 입원함.

1838년 주 의회 대변인 선거에 출마했으나 실패함.

1840년 정부통령 선거위원에 출마했으나 실패함.

1843년 미국 하원의원 선거에 출마했으나 실패함.

1846년 하원의원 선거에 출마하여 성공함.

1848년 하원의원 재선거에 출마했으나 실패함.

1849년 고향으로 돌아가 국유지 관리인이 되고자 했으나 거절당함.

1854년 미국 상원 의원 선거에 출마했으나 패배함.
1856년 소속 정당의 대의원 총회에서 부통령 후
　　　보에 출마했으나 100표 차로 패배함.
1858년 다시 상원의원에 출마했으나 또 패배함.
1860년 미국 16대 대통령에 선출됨.
1865년 4월 15일 총격으로 사망.

다음(www.daum.net) 위키백과사전 참조

1. 위의 사건들은 미국의 16대 대통령이었던 아브라함 링컨이 겪은 사건들입니
   다. 링컨이 고난과 실패에도 불구하고 가장 존경받는 대통령이 될 수 있었던
   이유는 무엇이었을까요?

2. 혹시 고난 중에 있으십니까? 만약 고난 중에 있다면 그 고난이 당신의 삶에 어
   떤 영향을 미치고 있습니까?

배울말씀인 민수기 22장 7-12절과 예레미야 29장 10-11절을 읽고 주어진 질문에 답해 봅시다.

1. 광야와 전쟁의 위험 속에 있는 이스라엘을 두고 하나님은 복 받은 자들이라고 했습니다. 그런데 과연 이들을 복 받은 자들이라고 할 수 있습니까? (민 22:7-12)

2. 포로기 중에 있는 이스라엘은 평안과 소망이 있다고 볼 수 있는 상황이 아닌데, 왜 하나님은 고난 중에 있는 이들에게 평안과 소망을 말씀하셨을까요? (렘 29:10-11)

3. 이스라엘 민족의 고난을 보는 사람들의 관점과 하나님의 관점을 비교해 보면서 빈칸을 채워봅시다.

상황	대상	바라보는 시각	예측된 결과
광야와 전쟁의 위험	사람들	고난	
	하나님		

반성하기

기독교인의 고난

1. 사람들은 고난을 절망으로 바라보는 경우가 많은데, 만일 그 고난의 과정을 축복으로 해석할 수 있다면 고난의 목적은 무엇이 될 수 있을까요? (삿 2:22)

2. 기독교인에게 있어 고난은 단순히 고난이 아니라 축복입니다(시 119:71). 그렇다면 고난을 극복하기 위해 기독교인이 해야 할 일은 무엇입니까? (렘 33:3)

응답하기

삶은 여전히 아름답다

다음의 이야기를 읽고 주어진 질문에 답해 봅시다.

> 닉 부이치치(Nicholas James Vujicic, Nick Vujicic)는 팔과 다리가 없이 태어나 힘든 어린 시절을 보냈지만 꿈과 희망을 버리지 않았고, 지금은 전 세계를 다니며 사람들에게 꿈과 희망을 전하고 있다. 그를 소개하고 있는 한국재단(www.lifewithoutlimbs.or.kr)은 그의 삶의 목표를 다음과 같이 소개한다.
> Go Around: 닉은 희망을 갈망하는 모든 나라와 사람들을 찾아다니며
> Preaching: 그의 아주 조금은 특별한 삶의 이야기를 전하고
> Teaching: 진정한 사랑과 꿈을 가르치며
> Heal the Heart: 삶의 희망을 잃은 이들의 마음에 희망을 심습니다.

"하나님이 나같은 인간, 팔다리가 없는 사람을 주님의 '손발'로 사용하셨는데, 쓰임 받지 못할 이가 세상에 어디 있겠는가! 능력이 문제가 아니다. 하나님이 보시는 건 자원하는 마음뿐이다."

닉 부이치치는 자살 충동에 이끌린 적도 있었지만, 세월이 흐르면서 '하나님께서 자신을 벌 주기 위해 팔다리 없이 세상에 보내신 게 아님'을 깨달았다고 한다. 그는 지금 '터무니없을 만큼 행복한 삶을 즐기고 있다'고 말한다. 지난해부터 그는 외모만큼이나 마음도 아리따운 기독교인 아내와 함께 삶을 나누는 영광과 기쁨을 만끽하는 중이다. 그가 펴낸 묵상집 『닉 부이치치의 삶은 여전히 아름답다』는 '인간의 어떤 문제보다 하나님이 더 크다', '도움을 청한다고 허약하다는 뜻은 아니다', '과거는 어쩔 수 없다. 그러나 미래는 바꿀 수 있다', '모든 고난은 반드시 끝이 있다' 등 희망적인 메시지들로 가득하다. 원제목은 한계가 없다는 뜻의 'Limitless'. "나나 독자들이 (그렇다는 게) 아니라, 하나님의 사랑과 권능이 무한하다는 뜻이다."

크리스천 신문 2013년 11월 26일자. 이대웅 기자의 기사 참조.

1. 과거, 고난에 처했을 때 쉽게 포기해 버린 일에 대해서 이야기해 봅시다. 이제 당신은 고난 앞에서 포기하겠습니까, 아니면 고난을 기회로 보시겠습니까?

2. 다같이 '주님 손잡고 일어서세요'를 찬양하며 서로를 격려하며 축복합시다. 그리고 고난을 고난으로 바라보지 않고 축복의 기회로 바라보며 결코 포기하지 않는 신앙인이 되게 해달라고 서로를 위해 중보기도 하는 시간을 가져봅시다.

주님 손잡고 일어서세요

김석균
made by musicday

1. 왜 나만겪는 고난이냐고 불평하지마세요 고난의
2. 왜 어떤슬픔 찾아왔는지 원망하지마세요 당신은

뒤 편에 있는 주님이주실축복 미리 보 면서감사하세
잃 은것 보다 주님께받은은혜 더욱 많 음에감사하세

요 너무 견 디기 힘든 지금이순간에도 주님이 일하고계시

잖 아요 남들은 지쳐 앉아 있을지라도 당신 만은 일어서세

요 힘을 내 세요 힘을 내 세요 주님이 손 잡고계시잖아

요 주님 이 나와함께함을 믿 는다면 어떤
1. 역경도 이길수있잖아
2. 고난도 견딜수있잖아

D.C. al Coda

요 요 힘을 내 세요 힘을 내 세요 주님이

손 잡고계시잖아 요 주님 이 나와함께함을 믿 는다면 어떤

고 난도 견딜수있잖아 요

새길말씀 외우기

너는 내게 부르짖으라 내가 네게 응답하겠고 네가 알지 못하는 크고 은밀한
일을 네게 보이리라 (렘 33:3)

결단의 기도

우리를 사랑하시는 하나님 아버지, 비록 우리가 보기에는 고난의 순간처럼
보일지라도 하나님의 뜻 안에 있기에 우리를 성장시키는 연단의 과정임을
깨닫게 하시니 감사드립니다. 고난 속에서 쉽게 포기하지 않고 주님께서 주
시는 새로운 기회를 발견하는 제가 될 수 있도록 인도하여 주옵소서. 예수
님 이름으로 기도합니다. 아멘.

나의 우상은?

배울말씀   출애굽기 34장 14절, 신명기 6장 14-15절
새길말씀   스스로 지혜 있다 하나 어리석게 되어 썩어지지 아니하는 하나님의 영광을
          썩어질 사람과 새와 짐승과 기어다니는 동물 모양의 우상으로 바꾸었느니라
          (롬 1:22-23)

관심갖기
평신도 양육교재

이 시대의 우상

아래의 글을 읽고 주어진 질문에 답해 봅시다.

> 몇 해 전, 국내의 유명 기관에서 전국 주요 도시 남녀 4,000명을 대상으로 '패러다임 전환기의 한국인-라이프 스타일과 소비 행동'을 주제로 조사 분석한 결과를 발표했다.
>
> 이 조사에 따르면 남성의 50.7%와 여성의 47.8%가 돈 많은 사람을 성공한 사람으로 여기고 직업 선택 시 가장 중요한 것으로 개인의 발전성(20.9%)이나 보람(10.6%)보다 소득(32.4%)을 더 중요하게 꼽는 등 금전 만능주의적 경향이 넓게 퍼져 있는 것을 알 수 있었다.
>
> 현대인들이 살아가는 이 시대는 돈만 있으면 무엇이든 할 수 있다. 돈만 있으면 권력까지도 잡을 수 있는 시대가 되었다. 그래서 사람들은 돈을 벌 수 있는 일이라면 무엇이든지 하려고 한다. 특히 사람의 성공 기준을 돈의 많고 적음에 따라 평가하는 세상이 되고 있다. 돈이 곧 성공인 시대가 되고 있다.

1. 위의 글에서 알 수 있듯 현대인들의 중심에 위치하고 있는 사고는 어떤 것인가요?

2. 나는 '인생에서 성공한 사람'을 어떤 사람이라고 생각하나요?

배울말씀인 출애굽기 34장 14절, 신명기 6장 14-15절과 주어진 성경말씀을 찾아 읽고 질문에 답해 봅시다.

1. 하나님께서 이방민족의 죄에 대해서 질타하십니다. 지적하신 죄는 무엇입니까? (암 1:3-9)

> "여호와께서 이와 같이 말씀하시되 다메섹의 서너 가지 죄로 말미암아 내가 그 벌을 돌이키지 아니하리니 이는 그들이 철 타작기로 타작하듯 길르앗을 압박하였음이라" (암 1:3)
> "여호와께서 이와 같이 말씀하시되 가사의 서너 가지 죄로 말미암아 내가 그 벌을 돌이키지 아니하리니 이는 그들이 모든 사로잡은 자를 끌어 에돔에 넘겼음이라" (암 1:6)
> "여호와께서 이와 같이 말씀하시되 두로의 서너 가지 죄로 말미암아 내가 그 벌을 돌이키지 아니하리니 이는 그들이 그 형제의 계약을 기억하지 아니하고 모든 사로잡은 자를 에돔에 넘겼음이라" (암 1:9)

2. 하나님께서 유다와 이스라엘에 대해서도 몇 가지 죄를 물으셨습니다. 이들의
   죄악은 무엇입니까? 성경을 찾아 확인해 봅시다. (암 2:4-8)

   "여호와께서 이와 같이 말씀하시되 유다의 서너 가지 죄로 말미암아 내가 그 벌을
   돌이키지 아니하리니 이는 그들이 여호와의 율법을 멸시하며 그 율례를 지키지 아
   니하고 그의 조상들이 따라가던 거짓 것에 미혹되었음이라" (암 2:4)
   "여호와께서 이와 같이 말씀하시되 이스라엘의 서너 가지 죄로 말미암아 내가 그
   벌을 돌이키지 아니하리니 이는 그들이 은을 받고 의인을 팔며 신 한 켤레를 받고
   가난한 자를 팔며 힘 없는 자의 머리를 티끌 먼지 속에 발로 밟고 연약한 자의 길
   을 굽게 하며 아버지와 아들이 한 젊은 여인에게 다녀서 내 거룩한 이름을 더럽히
   며 모든 제단 옆에서 전당 잡은 옷 위에 누우며 그들의 신전에서 벌금으로 얻은 포
   도주를 마심이니라" (암 2:6-8)

3. 그렇다면 이방민족과 이스라엘의 죄악을 비교할 때, 본질적인 차이점은 무엇
   입니까?

4. 위의 이방민족과 이스라엘을 비교했을 때, 하나님께서 자기 백성에게 가장 첫
   번째로 요구하시는 것이 무엇이라고 할 수 있습니까?

1. 하나님의 존재를 인정하고 믿고 따를 것을 명령하셨던 주님이 결국 이스라엘 민족에게 원하신 것은 무엇인가요? (겔 14:6-9)

2. 사무엘은 홉니와 비느하스에 비하여 더 열악한 환경에 처해 있었습니다. 어려서 부모를 떠나야 했고 불량자인 홉니와 비느하스와 함께 자라야 했습니다. 그런데 홉니와 비느하스는 하나님의 심판을 받고 사무엘은 쓰임을 받았습니다. 홉니와 비느하스가 심판을 받은 이유는 무엇일까요? (삼상 2:22-26)

3. 홉니와 비느하스는 하나님을 향한 신실한 믿음을 갖지 못했습니다. 그들의 우상은 구체적으로 무엇인가요? 또한 엘리의 우상은 무엇인가요?

4. 우리의 내면에 자리 잡은 우상이 외형적으로 표현될 때 어떤 모습으로 나타난다고 성경이 기록하고 있나요? (롬 1:21-23)

1. 내 안에 숨겨진 나 중심적인 우상을 고백해 봅시다.

   내가 하나님보다 더 먼저, 더 중요하게 생각하고 있는 것은 무엇입니까?

2. 내 안에 숨겨진 우상을 버리고 이제 하나님 중심적 삶을 살아가기로 결단하기 위하여 다음의 결심문을 작성해 봅시다. 결심문을 작성한 이후에 우리들의 우상이 버려질 수 있도록 서로를 위해 중보기도를 합시다.

결심문

나 _____(은)는 내 안에 하나님이 아닌 다른 우상 곧, _____을(를) 가지고 지금까지 살았습니다. 그러나 이제는 하나님을 의지하며 하나님을 기쁘게 하는 삶을 살기 위해 내 마음속에 감추어진 나 중심적 사고를 버리고 하나님 중심적 삶을 살아감으로 하나님께 더욱 충성하고 헌신할 것을 다짐합니다.

20 년 월 일

결심자 :   sign

스스로 지혜 있다 하나 어리석게 되어 썩어지지 아니하는 하나님의 영광을 썩어질 사람과 새와 짐승과 기어다니는 동물 모양의 우상으로 바꾸었느니라(롬 1:22-23)

결단의 기도

하나님, 나의 마음 속에 하나님보다 더 중요하게 여기는 우상들이 자리 잡고 있었음을 고백합니다. 내 경력을, 내 지위를, 내 자녀를, 우리 집을 지나치게 소중하게 여겼던 까닭에 하나님을 잊어버린 적이 있었음을 용서하여 주옵소서. 하나님 중심적인 자세로 이 세상을 살아갈 수 있도록 인도하여 주옵소서. 예수님 이름으로 기도합니다. 아멘.

생명을 살리는 삶

배울말씀 마가복음 3장 1-6절

새길말씀 도둑이 오는 것은 도둑질하고 죽이고 멸망시키려는 것뿐이요 내가 온 것은
양으로 생명을 얻게 하고 더 풍성히 얻게 하려는 것이라 (요 10:10)

생명을 살리는 일이란.....

아래의 글을 읽고 주어진 질문에 답해 봅시다.

> 어느 교회의 고등부에서 교사들이 학생들의 출석률을 높이기 위해 여러 프로그램을 시도하던 중, 반별로 매월 1회씩 외부 활동을 하기로 했다. 예배를 마친 후 공과공부를 하지 않고 반별 단합대회 형식으로 피자집을 가거나 운동을 하거나 봉사활동을 하는 등 반의 결속력을 다질 수 있도록 계획하였다. 그리고 이를 활성화하기 위해 금전적인 지원도 하기로 했다. 또, 특별히 이 날을 모든 학생들이 교회에 오는 날로 정했다. 교사들은 학생들끼리 서로 연락하여 친화력을 높힘으로써 교회에 잘 나오지 않는 학생들에게 교회에 나올 수 있는 기회를 만들어 주고 또 새 친구를 전도할 수 있는 기회도 마련해 주고자 한 것이다. 그런데 유독 한 교사가 이를 반대했다. 이 교사는 상당한 신앙의 연륜을 가지고 있으면서 나름대로 봉사도 많이 하시는 분이었다. 이 교사는 이사야 53장 13-14절을 언급하면서 안식일에 오락을 금하라고 했는데 무슨 학생들을 데리고 피자집을 가고 공원에 가고 운동을 하는 등 이런 집단적인 활동을 하느냐며 주일에는 경건하게 지내도록 학생들을 유도해야 한다고 고집했다.

1. 만약 당신이 고등부 교사라면 당신은 어떤 선택을 하시겠습니까?

2. 집사님의 주장대로 주일날 이런 일을 하면 안 된다고 한다면 누가복음 14장 5절 말씀은 어떻게 해석할 수 있습니까?

> "또 그들에게 이르시되 너희 중에 누가 그 아들이나 소나 우물에 빠졌으면 안식일에라도 곧 끌어내지 않겠느냐 하시니"(눅 14:5)

3. 교회의 본연의 직무는 예배입니다. 그럼에도 교회가 문화 사업이나 혹은 구제 사업 등을 통해 비 신앙인들이 교회를 접할 수 있는 기회를 만들어 가는 것은 생명을 살리는 일과 어떤 관계가 있다고 할 수 있을까요?

배울말씀인 마가복음 3장 1–6절과 각 문제마다 주어진 성경구절을 찾아 읽고서
다음의 질문에 답해 봅시다.

1. 창세기 2장 2–3절과 출애굽기 31장 13절을 읽어 봅시다. 이 성경구절을 통해
   본다면 하나님과 사람과의 관계에서 가장 우선시 되는 일은 무엇이라고 할 수
   있을까요?

> 하나님이 그가 하시던 일을 일곱째 날에 마치시니 그가 하시던 모든 일을 그치고
> 일곱째 날에 안식하시니라
> 하나님이 그 일곱째 날을 복되게 하사 거룩하게 하셨으니 이는 하나님이 그 창조
> 하시며 만드시던 모든 일을 마치시고 그 날에 안식하셨음이니라 (창 2:2–3)
>
> 너는 이스라엘 자손에게 말하여 이르기를 너희는 나의 안식일을 지키라 이는 나와
> 너희 사이에 너희 대대의 표징이니 나는 너희를 거룩하게 하는 여호와인 줄 너희
> 가 알게 함이라 (출 31:13)

2. 안식일을 지키는 것은 내가 곧 무엇임을 의미합니까? 레위기 19장 3절을 통해
   확인해 봅시다.

> 너희 각 사람은 부모를 경외하고 나의 안식일을 지키라 나는 너희의 하나님 여호
> 와이니라 (레 19:3)

3. 하나님께서 안식일을 지키는 것보다 더 소중하게 여기시는 일은 무엇입니까?
   (막 3:4)

4. 예수님은 안식일의 주인임에도 불구하고(마 12:8, 막 2:28, 눅 6:5) 그 안식일
   을 양보하면서까지 우리에게 생명을 살리는 일을 강조하셨습니다. 생명을 살
   리는 일이란 구체적으로 무엇을 말하는 것일까요? (행 1:8 참고)

   > 오직 성령이 너희에게 임하시면 너희가 권능을 받고 예루살렘과 온 유대와 사마리
   > 아와 땅 끝까지 이르러 내 증인이 되리라 하시니라 (행 1:8)

당신도 생명을 살릴 수 있습니다

다음 기사를 읽고 주어진 질문에 답해 봅시다.

> **함께 읽어 봅시다.**
>
> 아직도 세상에는 하나님을 알지 못하는 사람들이 많다. 전체 인구 중 95%
> 이상의 사람들이 복음을 들어보지 못해서 스스로 복음화 될 수 없는 미전도
> 종족이다. 이런 인구가 총 29억 명 이상이나 된다.

전 세계 종족 수	16,791
전도종족 수	7,275
미전도종족 수 비율	43.3%
전 세계 인구	71억명
미전도종족 인구	29억명
미전도종족 인구 비율	40.7%

출처 : www.joshuaproject.net_ 2013.8.21

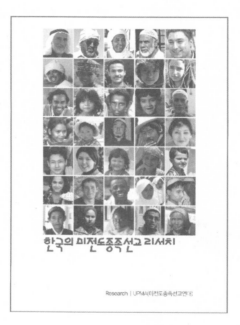

한국의 미전도종족선교 리서치

Research | UPMA(미전도종족선교연대)

출처 : 미전도종족선교연대(http://www.upma21.com)

1. 주님의 복음을 듣지 못한 미전도 종족들에 대해 관심을 가져본 적이 있습니까? 있다면 이들을 위해 어떤 일을 해 보았습니까? 사도행전 13장 47절의 말씀을 바탕으로 생각해 봅시다.

> 주께서 이같이 우리에게 명하시되 내가 너를 이방의 빛으로 삼아 너로 땅 끝까지 구원하게 하리라 하셨느니라 하니 (행 13:47)

2. 우리 가정(가족, 친척)에는 믿지 않는 분들이 얼마나 되나요? 내가 살고 있는 곳의 복음화율은 얼마나 될까요? 골로새서 4장 3절, 디모데후서 4장 17절의 말씀을 바탕으로 내가 먼저 복음을 전해야 할 사람들에 대해 생각해 보고, 믿지 않는 영혼들을 위해, 지역사회를 위해 우리 각 개인과 교회가 무엇을 해야 하는지 함께 논의해 봅시다.

엘리자베스 엘리엇 여사의 사랑

엘리자베스 엘리엇에 관한 아래의 글을 읽고 내가 사랑하는 이의 영혼과 육체의 생명을 위해 함께 기도하는 시간을 갖도록 합시다.

사진 속의 여인은 1956년 1월 8일 아우카 부족에게 28살의 젊은 남편 짐 엘리엇을 잃어야 했던 엘리자베스 엘리엇이다.

'짐 엘리엇'

그는 하나님 앞에선 경건했고 관계에 있어선 진지했으며 비전에 있어선 겸손했다. 그리고 선교사로서 그는 자신의 생명을 하나님 앞에 기꺼이 드릴 만큼 철저했다.

28살의 나이에 그토록 간절히 바랐고 사랑했던 아우카 부족에게 복음조차 전해보지 못하고 잔인하게 그들의 창과 화살에 살해되어야 했던 짐 엘리엇과 4명의 선교사들.

그러나 1년 후, 간호사 훈련을 받은 짐 엘리엇의 아내 엘리자베스가 아우카 부족에게 간다. 죽음을 각오하며…

그런데 그녀조차도 몰랐던 사실. 아우카 부족은 남자는 죽이지만 여자는 죽이지 않는 부족이었다.

5년 동안 그들을 위하여 헌신한 엘리자베스가 안식년이 되어 돌아간다고 하자, 추장이 파티를 열어주면서 그녀가 누구인가를 물었다. 그러자 부인이 대답했다.

"5년 전에 당신들이 죽인 남자가 제 남편입니다. 하나님의 사랑 때문에 저도 여기까지 오게 되었습니다."

그 이야기를 듣고, 아우카 부족은 예수 그리스도를 구세주로 영접했다.

그로부터 약 10여 년 후, 5명의 선교사들의 가슴에 창과 화살을 꽂았던 '키모'라는 아우카 부족인이 아우카 부족 최초의 목사가 되었다. 그리고 순교한 선교사들의 자녀 중 2명이 그들의 아버지가 순교의 피를 흘린 팜 비치 강가에서 '키모' 목사에게 세례를 받게 된다.

세상에서 가장 큰 고통 중 하나는 사랑하는 사람을 잃는 고통이다. 하지만, 사랑하는 남편을 잔인하게 잃어야했던 엘리자베스 엘리엇은 남편의 죽음을 헛되이 하지 않으실 하나님의 꿈을 보았다. 사랑하는 남편의 생명을 빼앗아간 아우카족에 대한 사랑, 그 사랑이 아우카족의 영혼의 생명을 구원하는 길이 되었다.

1. 사랑하는 남편의 생명을 앗아간 아우카 부족을 위해 자신의 일생을 드린 엘리엇 여사과 그의 가족들에 대해서 서로 이야기를 나누어 봅시다. 나는 다른 사람의 생명을 위해 나의 인생을 드릴 수 있습니까?

2. 영적인 생명, 육체적인 생명을 위해 내가 기도해야 할 사람들은 누구입니까? 그들을 위해 함께 기도하고 그들에게 직접적으로 사랑을 전할 수 있는 방법을 찾아봅시다.

	누구를 위해	어떻게 생명 사랑을 실천할까?
육체의 생명을 위해		
영적인 생명을 위해		

도둑이 오는 것은 도둑질하고 죽이고 멸망시키려는 것뿐이요 내가 온 것은 양으로 생명을 얻게 하고 더 풍성히 얻게 하려는 것이라 (요 10:10)

결단의 기도 ....

사랑의 주님! 나를 사랑하시고 구원해 주시니 감사드립니다. 내가 가는 곳 마다 복음을 전하게 하시고 그곳에서 생명이 살아나고 희망이 솟아나며 내 일을 위한 진보가 드러나게 하소서. 힘겹고 어려운 이웃들과 교우들에게 희 망을 전해줌으로써 생명을 살리는 일을 하게 하소서. 예수님 이름으로 기 도합니다. 아멘.

열매 맺는 삶

배울말씀   마태복음 7장 15-27절
새길말씀   오직 우리 주 곧 구주 예수 그리스도의 은혜와 그를 아는 지식에서 자라 가라
(벧후 3:18상)

평신도 양육교재
관심갖기

빌 게이츠의 결단

다음 글을 읽고 주어진 질문에 답해 봅시다.

마이크로소프트(MS) 창업자인 빌 게이츠(Bill Gates)가 지난 2008년, 마이크로소프트의 새로운 대표를 선임하고 자신은 일부 업무만 맡기로 결정했다. 그는 '빌 앤드 멜린다 게이츠 재단(Bill & Melinda Gates Foundation)'을 통해 기아 퇴치, 영양실조와 소아마비 퇴치, 교육 후원 등의 자선사업을 더욱 활발히 하기로 했다. 세계적인 투자 전문가이자 부호인 워렌 버핏(Werren Buffett)이 재단에 자신의 재산을 기탁하면서 '빌 앤드 멜린다 게이츠 재단'은 세계에서 가장 막대한 기금을 보유한 기부재단이 되었다.

빌 게이츠는 지난 2013년 4월 대한민국 국회를 방문해 "부를 쌓았다면 스스로 돈을 다 써버리거나, 자녀에게 물려주거나, 사회에 환원하거나 하는 선택지가 주어진다."며 "스스로 돈을 쓰는 것은 한계가 있고, 자녀에게는 최고의 교육과 경험의 기회를 준 다음에는 스스로 성취감을 느낄 수 있도록 해야 한다."라고 설명했다. 이어 "재산의 75%를 최빈국에 기부하고 25%를 미국의 교육체계 개선에 사용할 계획이다."라고 덧붙였다.

아시아경제 2013년 4월 22일 이민우 기자 기사참조 세계적인 부호이자 가장 많은 돈을 기부한 빌 게이츠가 이렇게 말했다. "성공을 거둔 기업가는 부를 사회에 환원하고, 세계의 불평등을 개선할 수 있는 길을 찾아야 합니다. 이것이 우리의 사회적 책임입니다. 내 인생의 후반은 주로 의미 있게 돈을 쓰는 일에 바칠 겁니다."

http://blog.naver.com/incubating_/80194001869 참조

빌과 멜린다 게이츠 부부
(www.gatesfoundation.org에서 발췌)

자선사업에 동참할 것을 발표하는
워렌 버핏과 빌과 멜린다 게이츠 부부
(www.gatesfoundation.org에서 발췌)

1. 빌 게이츠는 컴퓨터를 보급함으로써 세상 사람들에게 많은 영향력을 끼친 사람입니다. 기독교인으로서 빌 게이츠가 하나님의 영광을 드러내는 일을 했다면 무엇입니까?

2. 나의 삶의 자리에서 나는 다른 사람들에게 어떤 이미지를 갖고 있나요? 또한 앞으로 형성하고 싶은 이미지가 있다면 무엇인지 구체적으로 이야기해 봅시다.

열매를 보면

배울말씀인 마태복음 7장 15-27절은 예수님의 산상수훈의 결론입니다. 말씀을 찾아 읽고 아래의 질문에 대답해 봅시다.

1. 좋은 나무와 못된 나무를 구별하는 방법은 무엇입니까? (마 7:16-20)

2. '주여 주여 하는 자'들이 천국에 들어가지 못하는 이유는 무엇입니까?
   (마 7:21-23)

3. 지혜로운 건축가와 어리석은 건축가의 차이점은 무엇입니까? 그리고 예수님 이 건축가 비유를 통해 하시고자 하시는 말씀은 무엇입니까? (마 7:24-27)

배울말씀인 마태복음 7장 15-27절을 읽고 주어진 질문에 답해 봅시다.

1. 귀신에게서 놓임을 받은 사람이 주님의 은혜에 감사하여 주님을 따라가기를
   청했을 때, 주님은 이 사람에게 무엇을 원하셨습니까? (막 5:18-20)

2. 나인성의 홀로된 여인을 불쌍히 여기신 주님이 그녀의 아들을 살려내서 여인
   에게 주셨습니다. 주님이 그 아들을 데리고 다니시면서 기적의 증인으로 삼지
   않으시고 그의 어머니에게 돌려 주셨던 이유는 무엇일까요? (눅 7:13-16)

3. 삶의 자리에서 증거가 되기 위해서는 주님을 만나고 경험한 것을 통해 신앙의
   진보가 이루어져야 합니다. 그런데 신앙과 삶이 일치되지 못하면 오히려 하나
   님의 영광을 가리게 됩니다. 그러므로 우리는 믿지 않는 자들에게 어떤 모습을
   보여야 합니까? (딤전 4:15)

1. 당신이 이 땅에서 죽은 뒤 당신의 삶을 통해 이 땅에 남겨진 열매는 무엇이 있을지 생각해 보세요. 잘 생각이 나지 않으면 당신이 남기고 싶은 것을 꿈꾸고 상상해서 써 보세요.

2. 앞에서 당신이 남기고 싶은 열매를 맺기까지 이 땅에서 몇 년의 삶이 남았다고 생각하나요? 남은 시간 동안 당신의 시간을 어떻게 써야 할지 써 보세요.

시기	열매를 남기기 위해 내가 할 일
50년 후 (년)	
40년 후 (년)	
30년 후 (년)	
20년 후 (년)	
10년 후 (년)	
5년 후 (년)	
3년 후 (년)	
2년 후 (년)	
1년 후 (년)	

새길말씀 외우기

오직 우리 주 곧 구주 예수 그리스도의 은혜와 그를 아는 지식에서 자라 가라 (벧후 3:18상)

결단의 기도

나의 능력되시는 주님! 내 삶의 자리를 통해 주께 영광 돌리기 원합니다. 이제 주를 의지하여 주님 주신 삶의 자리를 붙들며 나아가기를 원하오니 주님이 도우시고 인도하옵소서. 저의 삶 속에서 주님의 영광을 드러내게 하옵소서. 예수님의 이름으로 기도합니다. 아멘.

MEMO

MEMO

MEMO

MEMO

MEMO